COMITE LIBANAIS DE PARIS

MEMOIRE

sur

LA QUESTION DU LIBAN

PARIS
IMPRIMERIE G. PARISET
3, rue des Italiens

1912

COMITÉ LIBANAIS DE PARIS

MÉMOIRE

SUR

LA QUESTION DU LIBAN

PARIS

IMPRIMERIE C. PARISET

5, rue des Italiens

1912

L'Autonomie administrative, garantie au Liban par les Grandes Puissances et la Turquie, lui a été précieuse, puisqu'elle l'a aidé à sortir de la crise de 1860 et à se reconstituer; mais le règlement rudimentaire qui en détermine le fondement, élaboré à la hâte pour une période de trouble, est incomplet en principe, mal appliqué et mal interprété en fait ; il prête par son laconisme à la chicane ; incapable d'empêcher l'arbitraire, il menace de compromettre l'œuvre civilisatrice.

COMITÉ LIBANAIS DE PARIS

MÉMOIRE

SUR

La Question du Liban

I

INTRODUCTION

Avant 1860, le Liban était une principauté vassale de la Turquie, qui, moyennant un léger tribut, conservait son indépendance : il avait son prince, son armée, ses lois, ses ports, ses douanes; il passait des traités de commerce et contractait des alliances. Après quelques tâtonnements à la chute de l'Emir Béchir (1840), cette organisation fut modifiée en 1860 par un règlement arrêté dans une conférence internationale, promulgué à titre d'essai pour une période de trois ans le 9 juin 1861, et confirmé après de légères modifications en 1864. Le Liban perdit une partie de ses prérogatives, mais il était placé sous la tutelle des grandes puissances.

Le régime de l'oppression hamidienne, qui pesa si lourdement sur la Turquie tout entière, n'épargna pas le Liban. Un à un ses privilèges furent retirés par surprise ou par arbitraire; son autonomie disloquée, chaque gouverneur en emportait un lambeau pour l'offrir

à son maître de Constantinople, et à l'heure actuelle, il n'en subsiste
que le nom.

II

VIOLATIONS DU STATU QUO

Le Liban avait son droit coutumier et sa justice propre. Son
quatrième gouverneur, Wassa Pacha (1883-1892), les abrogea, de sa
seule autorité, pour y substituer l'organisation et les lois de l'Empire.

Le Liban avait ses ports; on les lui enleva. Il restait quelques
rades; on les lui ferma.

Le Liban avait ses douanes; Abdul-Hamid s'en empara et en
accapara les revenus.

Le Liban avait ses salines, il surveillait pour son compte ses
côtes et possédait une croisière : « Liban »; cette croisière est retirée,
les salines sont confisquées, et si le soldat libanais monte encore la
garde sur les côtes, c'est pour en fermer l'accès au commerce et par-
quer ses concitoyens dans leur prison de roche. Entre le Liban et
l'Anti-Liban, la plaine intérieure de la Békâ est le complément naturel et indispensable du Liban, qui y avait certains droits. On les lui
retire; le règlement de 1861 l'avait réduit à sa plus simple expression
en le privant des terres propres à la culture, on le mutile encore
en lui enlevant le territoire côtier de Mou'aïcera pour l'adjoindre à
Tripoli. Le commerce et l'industrie, sans débouchés, doivent passer
par les douanes de l'Empire; taxés à l'entrée et à la sortie, ils péri-
clitent, et les monopoles de l'Empire consomment leur ruine.

III

VIOLATIONS DU RÈGLEMENT

Le règlement lui-même n'a pas été respecté et chacun de ses ar-
ticles a subi une atteinte plus ou moins grave.

Daoud Pacha, premier Gouverneur (1861-68), supprime les six *Wékils* ou représentants des communautés, ainsi que les Conseils des arrondissements. Cette double violation fut ratifiée, il est vrai, par le règlement définitif de 1864.

L'art. I⁰ʳ, définissant les attributs du pouvoir exécutif, permit, par un abus d'interprétation, de concentrer dans les mains du gouverneur le pouvoir exécutif, législatif, judiciaire, aussi bien que fiscal.

L'art. II définissait les attributions du conseil et en déterminait la constitution. Il a subi une double violation : le protocole du 15 août 1892 en signalait une, concernant la liberté des élections et les prérogatives du Conseil. D'un autre côté, l'article II prévoyait trois membres pour l'arrondissement de Gezzine, or, il n'y en a que deux; un, pour le Schouf, et il y en a deux; quatre pour le Matn, il y en a trois; un, pour le Kesrouan, il y en a deux.

L'art. III fixait sept circonscriptions administratives ; il en existe une huitième, celle de Deir-el-Kamar, non prévue et privée, par une anomalie inexplicable, du droit d'être représentée au Conseil.

L'art. IV donne aux *Caïmacams* (préfets) le droit de choisir les *mudirs* (sous-préfets). Or, les gouverneurs les nomment à l'insu même des caïmacams.

L'art. V abrogeait les anciennes prérogatives féodales et proclamait l'égalité. Jusqu'à présent, les fonctions sont données, dans certaines régions, sur les bases des anciens privilèges.

L'art. VI prévoyait une organisation judiciaire. Rustem Pacha (1873-1883), troisième gouverneur, institua une chambre criminelle non prévue. Wassa Pacha, après lui, introduisit l'organisation judiciaire de l'Empire, ainsi que ses codes. Les puissances protectrices protestèrent par le protocole du 15 août 1892, lors de la nomination de Naoum Pacha (1892-1902), qui répondit par une nouvelle violation, en créant le procureur général. A la nomination de Mouzaffer Pacha (1902-1907) nouvelle protestation et nouvelle violation : on crée l'inspection de la justice et le notariat. Les puissances se turent...

L'art. VIII déterminait la compétence des tribunaux. Les sentences de la Cour d'assises ne devaient être exécutoires qu'après accom-

plissement des *formalités* en usage dans l'Empire. On entendait par
là la sanction de la peine de mort dont le sultan se réservait le droit.
On s'est autorisé de ce texte pour imposer aux tribunaux libanais la
juridiction de la Cour de Cassation de Constantinople; le règlement
n'a pu faire allusion à la cassation qui n'existait pas alors, les formalités dont il s'agit ne sont requises d'ailleurs que pour les arrêts cri-
minels; c'est donc une violation du règlement que de les appliquer
aux affaires civiles.

En outre, la Cour de Cassation, ne pouvant statuer que sur la
procédure en vigueur dans l'Empire, est censée ignorer l'organisation
spéciale de la justice au Liban; et de fait, elle l'ignore, et se trouve
par conséquent incompétente pour juger des vices de forme des tribunaux libanais.

Cette juridiction de la Cour de Cassation, c'est le troisième gouverneur, Rustem Pacha, qui l'introduisit, pour faire annuler une sentence qui le gênait.

L'art. X fixait le recrutement des magistrats, des membres du
Conseil et des juges de paix. Or, les dispositions de cet article ont été
si peu respectées que le protocole du 15 août 1892 a dû protester; mais
la violation de cet article n'en continue pas moins; de sorte que le
Grand Conseil ainsi que la Magistrature sont devenus des instruments
d'oppression.

L'art. XI réprimait la vénalité des fonctionnaires. Or toute
mesure de ce genre est impuissante, tant que tout dépendra de la
volonté d'un seul.

L'art. XII stipulait la publicité des séances judiciaires et la liberté
de la défense. Or, l'une et l'autre sont à la merci du gouverneur.

L'art. XIII proclamait l'inviolabilité du territoire libanais et
son autonomie. Or cette disposition, comme on l'a vu, a été souvent
violée.

L'art. XIV précisait l'organisation de la milice ainsi que les
rapports qui doivent exister entre les troupes de l'Empire et le Gouvernement Libanais. La Porte était tenue de retirer tous ses soldats
dès que la troupe locale serait organisée. Il y a cinquante ans que cette

organisation est faite et qu'elle fonctionne, et la Porte maintient toujours un détachement de dragons à Beit-Eddine, chef-lieu du Liban.

Deux autres violations sont encore à signaler :

1° La nomination du colonel de la milice faite par Iradé impérial; 2° le jugement des officiers de la milice par des conseils de guerre
de l'Empire. Rien dans les statuts organiques ne prévoit cette dépendance directe ; bien mieux, les premiers instructeurs ont été des
officiers français et longtemps les « commandements » ont été donnés
en langue arabe. Ce ne fut que tard, sous Wassa Pacha, que ces commandements se firent en langue turque.

L'art. XV réglait la question financière. Le maximum de l'impôt
prévu était de 7.000 bourses soit 35.000 liv. t. Le budget publié en 1910
donnait un chiffre de 57.000 liv. t. de recettes; c'est donc que de nouveaux impôts ont été institués contrairement au règlement. La cessa-
tion, par la Porte, sous le régime hamidien, du paiement de la somme
de 25.000 liv. t., constitue une autre violation.

L'art. XVI prévoyait le recensement et le cadastrage. Par mesure d'économie, le plan cadastral n'a jamais été dressé.

L'art. XVII confirmait les prérogatives du clergé qui restait justiciable de ses chefs respectifs. On a vu des prêtres arrêtés et traînés
devant l'autorité civile à l'insu de leurs chefs et malgré leurs protes-
tations.

L'ÉTAT ACTUEL

I. — LE GOUVERNEUR GÉNÉRAL.

Le Gouverneur général, maître absolu du Grand Conseil, de l'Administration civile, de la Magistrature et de la Justice, de la Milice, des Finances et des Travaux publics, centralise toute l'autorité entre ses mains. Aucune administration ne peut être directement saisie des affaires qui la concernent; toute affaire est présentée au Gouverneur qui, s'il le juge à propos, la *réfère* à qui de droit. De même, toutes les pièces administratives (sentences, décrets, arrêtés) sont soumises, une fois rendues, à sa ratification et il leur donne la suite qu'il lui plaît. S'il vient à s'absenter — et ce n'est point rare — les affaires restent en souffrance et toute la vie administrative se trouve arrêtée.

Les fonctions sont distribuées sans règle ni mesure. Parfois des étrangers, parents ou alliés du Gouverneur, viennent accaparer les hautes fonctions (comme cela a été le cas pour Morel Ef., chef du bureau étranger sous Rustem Pacha), ou bénéficier de charges nouvelles créées pour eux (comme la direction des Affaires politiques, sous Wassa Pacha, confiée à son gendre Cupélian Ef., et l'inspection de la Milice, sous Mouzaffer Pacha, donnée à son fils Fuad Bey).

Le protocole de 1892 avait essayé de garantir l'indépendance des magistrats en exigeant, pour leur révocation ou leur déplacement, une enquête préalable. Que fait-on en pratique? L'enquête a lieu et le Gouverneur, estimant avoir satisfait au règlement, en tire la conclusion qu'il veut.

Ce n'est d'ailleurs pas la seule pression qu'il exerce sur la Magistrature; il intervient directement dans les jugements et dicte sa volonté aux juges; la sentence rendue, il la retarde, la modifie, la dénature à son gré dans l'exécution. Il se passe même du concours de la justice, et fait emprisonner, sans jugement, quiconque va à l'encontre de ses désirs.

Le règlement, en le rendant seul responsable de la sécurité, ouvre la porte à l'arbitraire.

De quel tribunal le gouverneur est-il justiciable? D'après quelle loi, quel code sera-t-il jugé? Dans les affaires d'ordre commun, civiles ou criminelles, peut-il être cité devant les tribunaux libanais? Fonctionnaire de l'Empire et, par suite, porté à lui sacrifier les intérêts locaux, que provisoirement il gère, pourrait-on utilement le citer devant les hautes cours ottomanes, juges et parties? Ou bien faudrait-il avoir recours à une conférence internationale?... Le Gouverneur est responsable, mais devant qui?

En cas de violation du règlement organique, quelle autorité invoquer et quelle sanction?

Bénéficiant de la protection européenne contre l'autorité de l'Empire et invoquant son titre de fonctionnaire ottoman pour échapper au contrôle de l'Europe, il jouit d'une double immunité et reste de tous points intangible.

La plupart des Gouverneurs généraux, délaissant le siège central de l'administration, pour rechercher la société, résident, l'été à Aley, l'hiver à Beyrouth (en dehors du territoire libanais) occasionnant ainsi des retards regrettables dans la marche des affaires.

II. — LE CONSEIL.

D'après le règlement, le Conseil ne connaît que des affaires que le Gouverneur lui soumet. Il n'a que voix *consultative*.

D'un autre côté, son mode d'élection, indépendamment des abus qui le faussent, est encore entaché d'un double vice : les électeurs qui sont les juges de paix ou cheikhs, représentent des communes inégales; et celle qui n'a que 10 contribuables est égale en droit à celle qui en a 2.000.

L'arrondissement de Gezzine, qui a 5.000 contribuables environ, est représenté dans ce Conseil par deux membres, et celui de Batroun, de près de 22.000, par un seul.

III. — LES CIRCONSCRIPTIONS

La division des circonscriptions administratives et judiciaires n'est ni commode ni équitable : l'arrondissement de Zahlé égale à peine en superficie la moitié du canton de Gébaïl.

Le canton du Hirmel est à plus de 150 kilomètres du chef-lieu de son arrondissement, Batroun.

IV. — LES TRIBUNAUX.

Les tribunaux sont composés d'un président et de deux juges, dont l'un fait office de juge d'instruction et siège par conséquent dans les affaires qu'il a instruites. Le greffier cumule ses fonctions avec celles de procureur.

Les tribunaux du Liban ne sont point autorisés à connaître des affaires commerciales, qui doivent être portées devant le tribunal de Beyrouth, dans lequel ne siège aucun membre libanais. Longueurs, frais et déplacements causent au Liban de graves préjudices.

Les juges de paix, dont les sentences n'ont jamais été exécutées, cessent de juger; les affaires de leur compétence viennent encombrer les tribunaux.

Les tribunaux, comme les autres administrations, ne peuvent être saisis des affaires que par la voie du Gouverneur.

V. — LA MILICE.

L'organisation actuelle mêle, dans une confusion déplorable, les gendarmes, la police et les huissiers.

Indépendamment du manque de hiérarchie et de discipline, les soldats sont souvent astreints aux services purement domestiques : cuisiniers, garçons, marmitons, dans les maisons des fonctionnaires civils et militaires.

Ils sont mal recrutés, mal instruits, mal payés, mal dirigés. Leur effectif d'environ 800 hommes est insuffisant.

VI. — LA QUESTION FINANCIÈRE.

Le règlement de 1861 fixait le maximum de l'impôt à 7.000 bourses, soit 35.000 liv. t. (801.500 francs). L'Empire s'engagea à combler le déficit. Il payait pour cela une somme de 25.000 liv. t.

Lors de la guerre turco-russe, en 1877-78, la somme susdite fut réduite. Le versement cessa complètement en 1880. Néanmoins, l'Empire maintint son droit de prendre la plus-value des recettes à l'avenir.

Un *mouhasibgi* était envoyé de Constantinople pour gérer les susdits fonds alloués par l'Empire. Depuis que cette allocation n'existe plus, ce haut fonctionnaire grève inutilement le budget libanais, déjà si réduit.

Les principales sources de revenus au Liban, sont les contributions directes représentées par l'impôt de répartition sur les personnes ainsi que sur la propriété non bâtie.

L'impôt personnel est basé sur le recensement de 1864 qui donna alors un chiffré de 99.834 contribuables. Le contribuable verse une somme de 9 piastres (deux francs environ). Ce recensement n'a pas été renouvelé. On exige l'impôt global et fixe de chaque commune sur la base de 1864. Et pourtant, dans la fluctuation incessante de la population, certaines communes se sont développées, d'autres ont subi une notable diminution.

L'impôt foncier est basé sur le cadastre de 1864, qui donna un chiffre de 125.000 drachmes, à raison de 21 piastres. Exécuté sommairement et d'une manière partiale, ce cadastre se trouve encore plus inexact que le recensement, le régime économique s'étant complètement transformé depuis.

VII. — LES PORTS LIBANAIS, LES DOUANES, LE SERVICE DES POSTES ET TÉLÉGRAPHES.

Il y a environ deux ans, les Libanais entreprirent d'attirer dans leurs ports les grands paquebots de navigation régulière. Le Conseil des Ministres ottomans s'y opposa, se basant sur les trois considérations suivantes :

1° Le règlement organique ne mentionne pas le droit explicite pour le Liban d'avoir des ports;

2° Le droit de souveraineté comporte la faculté d'ouvrir des ports comme celle d'en fermer l'accès;

3° L'accostage des paquebots pourrait donner lieu à des désordres dans l'administration.

Le Liban possédait autrefois les ports de Tripoli, de Saïda et de Beyrouth. Le premier en fut détaché en 1593, à l'extinction des émirs Assaf de Gazir. Le second en 1636, lors de la défaite de l'émir Fakhr-ed-Dine Ma'an. Quant au port de Beyrouth, il appartenait encore au Liban en 1840 et n'en fut séparé que lors de l'exil de l'émir Béchir. Dans la conférence internationale de 1860, il fut question de restituer au Liban, en même temps que ses limites naturelles, les ports compris dans son territoire. On se contenta de lui laisser la jouissance des rades qui lui restaient. Daoud Pacha, premier Gouverneur, pensa créer un port dans la rade de Damour. Il négocia l'affaire à Constantinople, mais ne put obtenir les fonds nécessaires.

Le territoire libanais étant privilégié, ses côtes ne peuvent que bénéficier de ses privilèges. Or, d'après le droit ottoman, le territoire d'un pays s'étend dans les eaux maritimes jusqu'à la plus grande portée de canon. Les eaux du Liban se trouvent donc participer à ses privilèges, et de fait c'est lui qui les surveille, qui perçoit les droits sur la pêche d'éponges et de poissons.

De plus, le Liban possède quatre échelles reconnues par *iradé impérial :* Jounié, Gebaïl, Batroun et Chikka.

Ces échelles possèdent un service de douane, dont les recettes, contrairement au règlement, vont à l'Empire. Un grand nombre de voiliers, d'un tonnage parfois considérable, fréquentent ces ports, les relient à ceux de Syrie, d'Egypte, de Chypre, de la Grèce, et ils poussent parfois jusqu'à Gênes et Marseille. Il est vrai que les grands bateaux à vapeur n'y abordent pas. Mais la raison en est plutôt *économique* que *politique*. Maintenant que l'état du Liban lui permet de

les attirer, c'est une chicane que d'invoquer ce fait. Quelle loi nationale
a prévu cette distinction subtile, entre un bateau à voile et un bateau
à vapeur, pour autoriser l'un et prohiber l'autre?... On allègue le silence
du règlement. Mais un règlement contient des obligations et ne peut
énumérer toutes les libertés et franchises.

Quant au désordre (lisez contrebande), le Gouvernement du Liban
est à même de le réprimer, tout aussi bien que les agents du vilayet.
D'ailleurs, la contrebande à laquelle on fait allusion se pratique plus
facilement par des voiliers que par des grands paquebots qui crain-
draient de se compromettre.

Le Liban n'a pas seulement la pleine liberté du commerce maritime, mais aussi le droit de percevoir les recettes de ses douanes:
il est autonome financièrement en ce sens qu'il gère ses revenus; sa
dépendance de l'Empire, en matière fiscale, n'est que conditionnelle
en cas de déficit ou de plus-value. C'est donc arbitrairement que le
régime hamidien, loin de combler le déficit, a mis la main sur les
recettes.

Il en est ainsi des recettes des postes et télégraphes, avec cette
considération en plus, que ces services constituent un monopole au
profit de l'Etat. Or, au Liban, aucun monopole de l'Empire ne se trouve
établi.

VIII. — LES TRAVAUX PUBLICS.

Mouzaffer Pacha avait créé un bureau spécial des travaux publics, qui cessa de fonctionner sous le Gouverneur actuel. La construc-
tion et l'entretien des routes du Liban absorbent, tous les ans, une
somme égale, sinon supérieure, à toutes les recettes du Gouvernement.
Les laisser ainsi sans direction, sans bureau même, c'est ouvrir la
porte aux abus, qui ne manquent pas de se produire.

IX. — LES ROUAGES ADMINISTRATIFS.

Plusieurs services sont à créer pour compléter l'organisation
du Liban. Par contre, il existe des rouages inutiles, des fonctions qui

ne répondent plus à aucun besoin : drogmans, bureau spécial des
passeports, mudirs, etc....

D'un autre côté, les traitements des fonctionnaires ne sont point
en rapport avec le travail et la responsabilité.

X. — INDUSTRIE, AGRICULTURE, COMMERCE, ÉMIGRATION.

L'industrie manque de matières premières, d'outils perfection-
nés, de débouchés et de protection; l'agriculture manque de bras et
de méthodes nouvelles; le commerce, de liberté et de voies de commu-
nications. Ainsi le Liban se trouve dans une situation des plus pré-
caires.

Le malaise économique aussi bien que moral pousse le peuple à
l'émigration.

Zahlé, en 1906, sur	3.000	contribuables avait	1.507	émigrants.
Gezzine —	5.983	—	— 2.231	—
Kesrouan —	15.549	—	— 10.206	—
Batroun —	16.220	—	— 6.817	—
Total....	40.767		20.761	

Ainsi donc, sur 40.767 contribuables, 20.761 ont émigré, c'est-à-
dire plus que la moitié de la force même du pays.

DESIDERATA

Après les motifs ci-dessus exposés, le Comité libanais de Paris, d'accord avec ceux du Caire et de New-York, inébranlablement attaché à l'unité ottomane dont le Liban est la partie intégrante, et désireux de collaborer à l'œuvre de relèvement de l'Empire, s'adresse aux puissances protectrices du Liban et à la Turquie constitutionnelle et libérale, pour émettre les vœux suivants :

La centralisation des pouvoirs ayant donné lieu à des abus, il est à désirer qu'une saine et large décentralisation soit pratiquée.

Vu le désordre occasionné par la confusion des pouvoirs, il faut qu'une séparation nette vienne assurer à chacun un fonctionnement indépendant et régulier. Le Gouverneur, ramené à son vrai rôle, sera le régulateur et le contrôleur général de l'administration, son autorité devenant limitée, ainsi que sa responsabilité.

Enfin le manque de sanction entraînant des suites déplorables, une assemblée générale jugera en dernier ressort et constituera une première sanction. Pour les affaires d'ordre extérieur ou portant sur le statut organique, ses décisions seront soumises aux représentants des puissances protectrices, et à la Sublime Porte, qui constitueront la sanction suprême.

1. — LE POUVOIR EXÉCUTIF

LE GOUVERNEUR.

Le Gouverneur aura toutes les attributions du pouvoir exécutif.

Il nommera à toutes les fonctions civiles, judiciaires et militaires, après consultation obligatoire des chefs de services.

Il est tenu de respecter la voie hiérarchique, en ne communiquant qu'avec les chefs de services.

Il est tenu de résider sur le territoire libanais, et en cas d'absence motivée, de déléguer ses pouvoirs au président du Grand Conseil.

Il est tenu de laisser leur cours normal aux sentences et décrets à lui communiqués par la voie légale.

Pour les affaires de droit commun, il est justiciable des tribunaux compétents.

En cas de violation du règlement, le Grand Conseil est autorisé à en appeler à la Sublime-Porte ainsi qu'aux représentants des puissances protectrices.

Le recrutement des fonctionnaires se fera par le moyen de la consultation obligatoire des chefs de services et du Conseil militaire pour les militaires.

Aucun fonctionnaire civil ne peut être révoqué, déplacé ou diminué de classe, sans le jugement d'un Conseil de discipline, ainsi composé : le président de la Cour civile, président; le président de la Cour d'appel, le procureur général et deux membres du Grand Conseil désignés par lui à cet effet au commencement de chaque session. En cas d'empêchement de l'un des membres, il sera pourvu aussitôt à son remplacement par le corps dont il relève. La défense sera libre et la sentence sans appel.

Quant aux militaires, ils continueront à relever de leur conseil.

LA FORCE PUBLIQUE.

La force publique aura son bureau et son chef spécial, et comprendra la gendarmerie, la police et le service pénitentiaire.

Quant à la corporation des huissiers, elle se rattachera directement à la Justice.

Le colonel, directement nommé par le Gouverneur sur la proposition de la commission militaire, conservera le haut commandement de la gendarmerie, et sera assisté, comme par le présent, d'un Conseil d'administration.

La police, à laquelle se rattacheront les gardes forestiers et champêtres, aura son préfet et son conseil.

Le service pénitentiaire actuel sera organisé d'une manière hiérarchique. Il aura son directeur et son conseil.

Quant à l'augmentation de la solde et de l'effectif de la gendarmerie, il y sera pourvu.

II. — LE POUVOIR LÉGISLATIF

LE GRAND CONSEIL.

Le Grand Conseil aura les immunités et les pouvoirs des assemblées délibérantes, pour tout ce qui concerne l'organisation intérieure du Liban, et qui ne peut léser en rien les droits de suzeraineté de la Porte, prévus par le règlement.

Il étudiera la réorganisation des services publics, la nouvelle assiette de l'impôt, adoptera les codes ottomans qui ne lèsent en rien l'autonomie administrative et les besoins locaux, et au cas échéant, y apportera les amendements nécessaires.

Ses projets seront portés, en ce qui concerne le statut organique, devant l'assemblée générale qui, après les avoir adoptés, les présentera à la ratification de la Porte et des puissances protectrices.

L'élection de ce Conseil se fera par le moyen du suffrage universel ou par l'élection à deux degrés, comme cela se pratique d'ailleurs actuellement dans l'arrondissement de Zahlé, à raison d'un électeur pour cinquante contribuables.

Il sera renouvelable par tiers tous les six ans.

Il fera une session de 8 mois.

Le nombre de ses membres sera porté à 19 en raison d'un par 8.000 contribuables environ.

Les Maronites auront 7 membres : deux pour le Batroun, deux pour le Kesrouan, un pour le Matn, un pour Deir-el-Kamar, un pour Gezzine.

Les Grecs en auront quatre : un au Koura, un au Bas-Batroun, un au Matn, un au Schouf.

Les Druses en auront quatre : deux pour le Schouf et deux pour le Matn.

Les Grecs catholiques en auront deux : un à Zahlé et un autre à Gezzine.

Les Métwalis en auront un, au Hirmel.

Les Musulmans, un, au Bas-Schouf.

L'ASSEMBLÉE GÉNÉRALE.

L'Assemblée générale se composera du Grand Conseil, des deux Cours civiles et criminelles et des chefs de services, sous la présidence du Gouverneur et la vice-présidence du président du Conseil. Elle se réunira de droit au commencement de chaque session pour étudier la situation générale du pays et proposer les réformes utiles.

III. — LE POUVOIR JUDICIAIRE

Tous les services devront être directement saisis des affaires qui les concernent.

Les tribunaux de première instance seront complétés de manière à avoir des juges d'instruction et des procureurs spéciaux.

Les tribunaux civils connaîtront des affaires commerciales du ressort de leurs circonscriptions entre Libanais ou étrangers résidant au Liban, au même titre que le tribunal de commerce de Beyrouth.

Chaque tribunal aura ses huissiers propres, chargés de signifier les actes, de faire exécuter les jugements, d'assister les magistrats aux audiences, etc... Ils seront instruits des devoirs de leurs charges.

IV. — LA RÉORGANISATION ADMINISTRATIVE

L'ADMINISTRATION CENTRALE.

Les services de l'administration centrale comprendront :

1° Le bureau du Gouverneur ayant pour Secrétaire le chef du bureau des Archives, et le chef du bureau Etranger pour directeur du protocole;

2° Le Grand Conseil et son bureau;

3° La Cour d'Appel : Chambre civile et Chambre criminelle et leurs dépendances;

4° Le bureau de l'Intérieur (actuellement bureau Arabe);

5° Le bureau Etranger (qui comprendra celui des passeports actuels);

6° Le bureau Turc, pour les relations avec l'Empire;

7° Le bureau des Finances, dont dépendront encore les Douanes, les Postes et Télégraphes;

8° Le bureau des Archives;

9° Les services publics (travaux publics, commerce, industrie, agriculture, eaux et forêts);

10° Le bureau sanitaire;

11° Le bureau de la Force publique.

(Tous ces services existent, ils n'ont besoin que d'être organisés.)

Le Gouverneur nommera le Président du Grand Conseil qui, de concert avec le Grand Conseil, choisira ses chefs de bureau et les présentera à la ratification du Gouverneur.

LES CIRCONSCRIPTIONS.

Le Liban sera divisé en treize circonscriptions administratives et judiciaires : 1° le Hirmel; 2° le Gibbé, avec le Zawié; 3° le Batroun; 4° le Koura; 5° Gébaïl; 6° Kesrouan; 7° le Haut-Matn; 8° le Bas-Matn; 9° Deir-el-Kamar; 10° le Haut-Schouf; 11° le Bas-Schouf; 12° Gezzine; 13° Zahlé.

L'ORGANISATION DÉPARTEMENTALE.

Chaque département aura un préfet, un tribunal de première instance, un notaire, un détachement de gendarmes, un corps de police et des huissiers.

V. — LA QUESTION FINANCIÈRE

Les recettes actuelles du Liban sont insuffisantes pour entretenir son administration, même dans l'état rudimentaire où elle se trouve. En recourant à quelques impôts indirects, comme l'imposition des débits de boisson, des maisons de rapports, en reprenant le recensement et le cadastrage comme cela est indispensable, le revenu pourrait, peut-être, s'élever jusqu'à combler le déficit actuel, mais non jusqu'à permettre une amélioration notable.

La Turquie constitutionnelle ne manquera sûrement pas, obéissant à ses devoirs nouveaux, de restituer au Liban ses douanes, ses postes et télégraphes et sa liberté de commerce maritime, ainsi que la somme due, depuis 1880 et que le Liban marque toujours au passif de l'Empire. Le montant de ces arriérés constitue déjà un capital considérable, dont le versement complet pourrait relever le Liban.

Mais l'état actuel des finances de l'Empire ne lui permettant point de faire honneur à l'obligation nationale, trois combinaisons pourrait concilier tous les intérêts:

Les plaines de la Békâ et de Balbek sont le complément naturel du Liban, et en dépendaient, du moins la première, même après 1861. Leur état est déplorable, faute de bras, de soins et de sécurité. Elles représentent, pour l'Empire, un intérêt insignifiant; et pour le Liban elles seraient un précieux débouché agricole, capable, seul, d'enrayer l'émigration. Tout en présentant un intérêt inférieur à la somme due, elles constituent néanmoins une compensation, qui ne lèse en rien les droits souverains de l'Empire.

Une autre compensation serait la restitution, au Liban, des deux ports de Tripoli et de Saïda, ou du port de Beyrouth.

Enfin, le cas échéant, l'Empire pourrait garantir, jusqu'à concurrence de la somme due, un emprunt libanais, qui permettrait au Liban de se relever économiquement.

Indépendamment des droits et en considération d'un demi-siècle de fidélité et de dévouement, jamais en défaut, le Liban, fidèlement attaché à l'intégrité de l'Empire, a tout lieu d'attendre du régime constitutionnel ottoman, une collaboration loyale et active à l'œuvre de sa réorganisation et de son progrès.

Les puissances protectrices, en accueillant favorablement ces *desiderata* affirmeront, une fois de plus, leurs préoccupations civilisatrices dans ce Liban, qui est leur œuvre, suivant leurs traditions humanitaires et l'esprit de la mission qu'elles se sont imposées.

Pour le Comité Libanais de Paris,

Le Président,

CHEKRI GANEM.

Le Secrétaire,

K. T. KHAIRALLAH.

Paris, le 1er Juin 1912.

TABLE DES MATIÈRES